POEMAS DESENCADENADOS

ÁUREA SÁNCHEZ

Aliar ediciones

Corrección: Eladia Guerrero
Diseño de cubierta: Mónica Morales
Maquetación: Aliar Ediciones

Depósito Legal: 979-13-87823-99-3
ISBN: GR 1522-2025

Impreso en España

Edita
ALIAR Ediciones
www.aliarediciones.es
info@aliarediciones.es

POEMAS DESENCADENADOS

ÁUREA SÁNCHEZ

AMOR DESATADO

Hay cosas que no puedo
decirte
si no es en un poema
no hay explicación
posible
para esas noches en vela
para esas cartas que no llegan
para ese amor
desatado
en cuarentena.

El canto de las noches al alba
que van y vienen y nunca llegan
un camino cortado a llantos
lo paran
el eco de las voces
me acercan
quiero escucharlas a la aurora
si es posible
y me dejas.

Está prohibido
hay una barrera
por ahí no pases
no te dejan.

BANDERAS

Todo por la patria
un día de borrachera
palabras sin sentido
ideas sin cuartel
llevados por la ausencia
de normas y cadencias.

Qué horror de memoria
qué desgracia del que
mora y habita en la
desvergüenza.

Banderas como esas
ondean como puñales
en tejados nevados
en primaveras y veranos
qué fue de aquel otoño
nuestro.

De abundantes palabras sonoras
como concordia
y buen hacer
palabras sin sentido
de esa ebriedad
anda el camino

no se puede recorrer
sálvame, Cristo bendito
de ese tortuoso amanecer.

ESA SOMBRA

Entras por la casa
y me sigues a todas partes
cuando me levanto
cuando me acuesto
cuando escribo
y cuando me olvido
vas y apareces
con tu sonrisa
tu acercamiento continuo.

Déjame en paz ya
suplico
das la vuelta y en un
requiebro
preguntas
sugieres
propones
una cita en la cocina
o en otro sitio.

Adviert o tu semblante
este suplicio
me lloras y me imploras
nunca más dejaré
el nido.

LLUVIA DE PRIMAVERA

Llueve en esta primavera
como en aquellos veranos tardíos
sigue callada
que la abundancia escasea
puede que al invierno
se extienda
y tus palabras
en silencio revientan
por costuras de aquel verano
primaveras con nubarrones llenas.

No son para ti
esas lindezas
flores en tinajas
no son para ti
esas lindezas
no lo creas.

ME ASOMBRAS

Me asombras
me perturbas
me escuece tu herida
para volver otro día
quédate quieto
no más.

Alborada y amanecer
de otros días
en el recuerdo
que mal agüero
sopla otro adiós
al viento
sopla otro
requerimiento.

Diles que lo tuyo
es no querer volver
un no amanecer
para aquel amor
que rememoras.

Cada vez que
vuelves y me asombras
me perturbas
a falta de otros días
tenemos estas venidas
tan aburridas.

SILENCIOS

Si me callo
no digo
el silencio me cubre
decir nada es un escondrijo
mientras la nube me oculta
estoy a su abrigo.

Decir nada es
hablar como hablan
los que no saben
expresar con palabras
aquello que duele y escuece
como herida mal curada.

Revientan las costuras del pasado
y se llenan las tinajas
de flores
de primavera
no lo creas
no son para ti
esas lindezas.

DEL POEMA PERDIDO

Que caiga un torrencial
que inunde de besos
mis cabellos
que lluevan gotas del verano
un baño de estrellas
en mi regazo tu pecho
en promiscuo sueño
que llores al verlo
que rompas a gritos de dolor
sentirás las cruces y los clavos
que llevo
ni rastro de mi velo
en jirones de mentiras
perdido en la desbandada
clavado tu puñal en mi pecho
pídeme otro beso
lo grito en silencio
mi último suspiro
tu aliento
señal de duda
vuela alto
mi cielo
porque no sea cierto
despierto en la madrugada
de mi sueño.

DE LA MONTAÑA AL RÍO

Hay una empinada cuesta
y un roble torcido
para quien la tenga que subir
un suplicio.

Yo imagino la escena
recostada en la loma
de mi árbol favorito.

Cuántas veces me ha servido
para echar la siesta
la siesta o haber dormido
en nada pensando
en todo mi amor perdido.

Recuerdo las hojas cayendo
y todo el pasto cubierto
de esto y de lo otro
al azar del viento
siempre en ajetreo.

También hubo tardes tranquilas
de esas que anidan en el recuerdo
como su amor han venido
y no se han ido.

Yo quiero esa dicha
tardes para dialogar
para verte pasar
para verme o figurar.

De la montaña al río
solo es bajar y llegar
en la orilla te espero
si alguna vez vienes
a mi sueño.

DESPEDIDA

La despedida que yo no tuve
a ellos se la quisiste dar
injusto fue por tu parte
porque no se para el mundo
pero para mí es tarde ya.

Vuelvo porque no vuelvo
para volver a empezar
la tormenta desatada
es muy difícil de aplacar
santa Bárbara
y otros santos
ahí arriba mirando están
vigilantes y temerosos
de tu tormentoso despertar.

Tus devaneos con los míos
no se pueden amasar
llevan mucho de ternura
tanto de fogosidad
yo puse poco tino
tú nada de táctica al cortar

y ahora vuelvo porque no vuelvo
para volver a empezar.

DEJA PASAR EL TIEMPO

Deja pasar el tiempo
que corra detrás de los caballos
que no mire atrás
que golpee las nalgas
en cada zancada
con zapatos de seda y terciopelo
quédate quieta y suspira
que siga la rueda y la locura.

Deja pasar el tiempo
que vengan a rogarte y a suplicarte
las sombras que cedan el paso a la luz
verán tu rostro encendido de pasión
de esa que no entienden, no
de calor, ternura y comprensión
está hecha la pieza
de tu adoración.

Deja que pase el tiempo
mirando la estampa
de ese cielo alborotado
que dejó el verano seco y calcinado
mas helado tu corazón
suspiros y llantos en silencio
brotan sin aparente razón.

EN DUELO

No, no quiero decir nada
solo volver a esa imagen
que dejaste con la mochila
colgando.
Huías de ti, de mí, de todo
no lo sabías, pero huías.

Ya nada será igual
y yo sin decir nada
el monstruo se apodera
de los lugares vacíos
que dejamos
cuando no hay contacto
tacto ni besos que lo suplanten.

Nos devora en silencio
mirándonos a oscuras
buscando en los restos
de la mochila colgando
y yo sin decir nada
de nada, de nada.

LA PEDIDA

Ojalá que descienda del cielo
aquella playa tan larga como un vuelo
de la lluvia, la noche y el viento
llevo en mi equipaje tus besos
abrazos y nuevas promesas
perdidas en el tiempo
reflejan en el espejo mi rabia y mi orgullo
el rostro adusto me dice silencio
cuando gritan afuera voces sin denuedo
llaman a la puerta
suben por las ventanas
claman al cielo
el viajero que nombraba ayer
es hoy un pendenciero
implorando amor si quiero
pidiendo al corazón antes abierto
que responda por favor al de la rodilla al suelo
el anillo con reflejos me ciega
antes y después del invierno
ahora esperan de mí que diga
o calle si es mi deseo
le daré una respuesta
a este amor que arrastro
en mi mochila de invierno.

Ojalá me bendigan los ángeles
su mano en mi brazo quieto
voces y voces en eco
como un canon en ondas
van y vienen
piden que diga sí, quiero.

MI LUNA ROTA

Mi luna rota
mi guante al aire
mano helada
brazo en alto
tu voz bramando
que instante, amado
fervoroso amado
amotinado
rebeldía
de antaño.

LA MURALLA

Si pudiera abrir el muro
que hay entre tu casa y la mía
con manos de ángel
piedra a piedra destruiría
con manos de seda
tu piel acariciaría.

A la altura de mis ojos
la muralla se levanta
unas veces a ras de suelo
queda
por momentos hasta mis hombros alcanza
pero más allá
más allá
nunca dejé que alcanzara.

Desde la cima del muro un día divisé
tu mirada distraída
tus manos inquietas abrazando
el viento
quizá buscando
no sé qué
en vano tu atención reclamé
te pedí
la respuesta fue más confusa
que mi reclamo

ahora tirar la muralla suplico
para que tu imagen y la mía
se encuentren cara a cara
algún día.

La muralla es una barrera
que no puedo derribar
al menos sin tu ayuda
ni pensar.

Tuyo es el querer
tuyo el deber
de escalar
de superar
la muralla que nos impide ver
entre tu espacio y el mío
solo nos falta romper
esa maldita muralla
que a ambos lados se levanta
yo no quiero más que derribarla.

INSTANTE

Instante, dices
eternidad, digo
aquí y ahora
me susurra Sartre
abro lo ojos y me sonríe
solo por un instante.

IGLESIA

Hay un camino a la iglesia
un tanto tortuoso
de polvo en noches calurosas
de lodo por lluvia con sorpresa
ayer con energía lo subí
los matorrales aún mojados
saludándome me miraron
las campanas a muerto tocaron
y yo buscaba entre las pisadas
tu rastro en polvo mojado.

No vi más que grandes zancadas
de unos ágiles zapatos cansados
de tanto correr en penumbra
parecían precipitados.

Las gotas de tu ventana
al polvo se dispararon
camino de la iglesia
lo vi claro.

Llegas tarde a los oficios
las campanas me avisaron
el camino es tortuoso
pero en verano no lo es tanto
para mí es como ayer
y para el difunto tocaron.

DÍA ACIAGO

Una leche y
a la cama
vendrá otro día
que llegue con
ganas
llama la amiga
todo bien
gracias
¿dolor físico?
no, del alma
eso pasa
que lo digas
me alegra y
desgana.

Busco consuelo
comprensión y
descanso
si es eterno
ya me entrego
no me vengan a
decir que
es un fiasco
a quién le
importa

a dónde voy
sin protección
sin contento.

AMOR EN REBELDÍA

Mi amor es un amor
declarado en rebeldía
siembra terror y
descontento.

Hay que atarlo
detenerlo
prenderlo y
sostenerlo
con la brida
va forrado
de mentiras.

Suscribe versos peligrosos
a escondidas
rompió ataduras
y cruza valles
ríos y montañas
de fugitivo.

Maldito amor cautivo
roba corazones
detente
es mi correveidile
pide pan
de bendición
y sacrificio.

Lo suyo es emolumento
en otro sitio
el partido judicial
la sentencia
ya lo ha dicho.

ANOCHE

Anoche llovía
también en mi ventana
con mi aliento
tus penas borrara
las señas de tu cruz
hacia el fondo
me empujaron
de pie y sentada
contigo estoy
aunque por evitarlo luchara
no podría librarme
del fulgor
y del recuerdo
a mí me sana
negar no te negué el beso
a pesar de que más de una vez
me lo robaste
me robaste
más que eso.

A PIQUE

Vienen de lejos
van a pique
olas que los zarandean
sufro por su destino
pero mantengo firme el timón de mi navío
voy a mi playa, no está lejos
diviso entre olas gigantes alguno de ellos
tuve disputas, diferencias, rencillas malmetidas y cosas de esas
pero sufro por su vaivén incierto
seguro que ahora se acuerdan de santa Bárbara.
¡Qué tormenta!
mala hora
muy tarde
en alerta.

COMO UN RÍO DE TINTA

Como un río de tinta
fue escribiendo el verano
el manto que la cubría
por el camino iba dejando
estrellas y estrellitas
eran como una alfombra
que le guiaba.

Y tú tan lejos y tan cerca
a veces hablabas
y lo descubrí
esta vez de forma tierna
esta vez de forma plácida
un contraste de vaivén
era un sentimiento
no precisaba nada
para tenerte.

Sobraban palabras
sobraban besos
si yo te siento
como te siento
tiene que ser verdad
que hay un paraíso esperando.

Si yo te siento
como te siento
tiene que ser verdad
que hay un paraíso
al que yo canto.

CONTROLA LA FIERA

Controla la fiera
que llevas dentro.
¿Tienes la brida?
Toma el cabestro.

CONOZCO SU NOMBRE

Conozco su nombre
pero no distingo su olor
del de otros hombres.

¡Cómo es posible
clama el cielo
no lo distingues
y hasta lo pronuncias en sueños!

Conozco su nombre
pero no distingo su olor
del de otros hombres.

¡Cómo es posible
que las noches pases en vela
que te martirices
por un entretela!

Conozco su nombre
pero no distingo su olor
del de otros hombres.

¡Cómo es posible
que se nuble tu mirada
que tu cara esté pálida
y tardes, mañanas y noches regreses callada!

Conozco su nombre
pero no distingo su olor
del de otros hombres.

Pero sí te noto cercana
amable y entregada.

Conozco su nombre
pero no distingo su olor
del de otros hombres.

Tu silencio está lleno
de palabras y promesas
sin que por ello consuelo encuentres.

Conozco su nombre
pero no distingo su olor
del de otros hombres.

Si por mí fuera
de la pantalla te arrastraría
porque a mí también me aterra
no conocer el olor
de quien
en tu reflexión
estás presa.

LA GITANA

La gitana viene atrapando
con su romero blandiendo
con su sonrisa meciendo
entre frases con promesa
entre palabras buenas y feas.

El romero en mi mano alzada
y la gitana en mi otra palma
rebuscaba
líneas de amor, vida y sentimientos
pero no supo encontrar, lo juro
no leyó mi rostro ni mi mano
abierta
estaba
más bien pendiente de mi cartera.

Sus avisos, advertencias y sentencias
fueron como el preludio
de aquella noche clara
que aunque iluminada
no deja ver más allá
de dos palmos de mi cara.

En esa penumbra vivo
en esa penumbra rezo
mi sinsentido vagando

por aquellas y estas sombras
del pasado
y la luz ahí afuera esperando
pero la noche me atrapa
más y más.

Antes de encontrar algo que ilumine
ya dibujo su forma aquilatada
su traje a medida
su bien peinada alma
conmigo está el romero
que yo quiero
el romero de la gitana mala
de la gitana buena
para comprenderlo
no hay más que quererlo.

QUIERO LA CAMISA

Quiero la camisa.
la que sabes tú
la camisa a cuadros
que cortando leña
me prometía tanto.

Quiero la camisa a cuadros
en la que empeñé mis labios
en la que deposité mi flor
tú para nada la quieres
en mí es símbolo de pasión.

En cada cuadro puse llanto
en cada recodo una lágrima
como rocío de vapor
quiero la camisa
la camisa a cuadros
del leñador
si he de salir al ruedo
que sea con su aprobación.

LA PRENDA

La prenda que reclamo yo
a valor censurable no atiende
no es hechizo
no es crespón
no reclama trueque.

Para mí la tela
no laves, pido
gracias, no se merecen
el aroma espero
guardar en silencio
pasión que más quiero.

La prenda que reclamo
al tacto sea
tuya o mía
qué más da
será más tuya
en mi mano.

LA PRENDA RECUPERADA

La prenda de mis amores
en mi arcón de otro tiempo
mora
con veneración y afecto
la mimo
para que el universo
descanse
de tanto trajín y alboroto
mis manos
la bendicen
tu alma
está en gozo.

A VECES

A veces te miro
y viene a mí
ese aire de otro barrio
perfume de piel morena
recién lavada
cara alegre
peinada
frente despejada
bajo un sol de
justicia.

La flor que veneras
sospecho
bajo palio
mojada
de la Virgen
apenada
de tus requiebros
malditos
desesperada.

En la careta
tropezó
el beso
de mis labios
ensangrentados.

EL SOL, LA LUNA, LAS ESTRELLAS

El sol, la luna
las estrellas
los similares
un par de pelos
mucha labia
otro tanto de saborío
un par de piernas
un corazón frío
y… para de contar.

DESDE MI SOLANA

Entre tu estado y tu deseo
me quedo
con el sentir de tu alma
yo espero que a mí se abra
aunque a esto tarde llego.

Tu poema leí con detenimiento
una mañana sin esperanza
me llegó tu sentimiento
porque mis manos temblaron.

¡Vive Dios y yo lo creo!
¿Pero qué hay de verdad
y de mentira
en el vuelco completo a tu vida?

¡Vive Dios y yo me alegro
de que los hombres lloren!
¡Qué sería de nosotras
si no fuera cierto!
«Ven conmigo, alma mía»
busquemos una salida.

ANDA, NIÑO

Anda, niño, dime
qué haces aquí solo
redondo y despierto
a descubrir no acierto
cómo es que no imploras
de comer, beber o por algún deseo.

Mi madre está cerca
aunque su alma no veas
ella canta en la sombra
canta y baila a solas
y habla con las hojas.

Hojas verdes de primavera
con una de ellas palmeas
ya sabes tú del cante y del arte
que a tu madre alteran.

Yo no sé de eso
pero estoy despierto
y si ella viene
mi hoja le entrego
para que en la noche
otra vez me cante
la canción que yo quiero.

¿Es que va para largo su desasosiego?
yo no sé de eso
pero de verdad no espero
que ese andar suyo
tan lastimero
dure tanto
como su espanto
más que yo la quiero
no puede haber romero.

¡No puede haber romero
pero, niño
¿es que tú ya viste su desasosiego?
como ella pronuncias
y aún sin edad te creo.

Yo no sé de eso
pero de verdad espero
que ese amar suyo
tan incierto
no le quebrante
su quiero.

ALFONSO X

Al amigo mío
que me citó en el río
le cuento mi despertar
cuando la nube pase
quédate a esperar.

No pienses que la tardanza
llegue hasta la madrugada
mi amor sale al encuentro
como puedes figurar
no tengo medio para irme
mas que un tronco
medio seco
en el lecho del río
apenas puede navegar.

Confío en tu valor
para esta escapada
antes de la madrugada
amigo mío, no tardes
que estoy en la orilla
y el alba va a llegar.

ARRASTRO DETRÁS DE MÍ

Arrastro detrás de mí
un saco de errores
mal pagados
que me dejen vivir
como a ti
tus ansias de
corregir.

AUTORRETRATO

Alta y delgada como tu madre
morena salada
como tu madre
me dijo
amorosa, pasional y dichosa
pienso, callo y otorgo.

Angelical, transparente, idealista
mi nombre viene en esa lista
de los afortunados, de los desheredados
inquieta, coqueta y un tanto pizpireta.

Me ambicionan los zurdos
me alaban los justos
por no ser contrahecha
por no parecer estrecha
por desprender aire de paciencia.

Cuando el río suena, que agua lleva
al orden le sale una verbena
todos desquiciados mirando a la morena.

Con gracia y alegría, dejadme este muerto a mí
calibran y esperan un milagro.
¡Qué bendición!, dicen.
¡Qué maldición!, me exalto.

Soy la madre que resuelve
soy la hija que es pesebre
del que amigos y aliados beben.
¿Dónde están los aplausos que en otro
balcón llueven?

Nadie responde, maldita sea
escribo cartas de amor y pena
a un novio que perdí de vuelta
si le veis decidle que se marchita
en esta cueva la nena.

MI TRISTE CANCIÓN

Mi triste canción de despedida
es a veces una alegre melodía
tú lo sabes, él no está.

En mi roble centenario
me amparaba
el otro día
pensando, pensando, la vida vi pasar
qué tristeza, mezcla de osadía
fue aquella despedida
me dio por calcular
a ella me remito
no puedo más
tú lo sabes, él no viene.

La suya fue de-fin-itiva
¿una huida? Quizá
pensando, pensando, la vida vi pasar
qué tristeza no verle más
a veces lloro
a veces río
pero río por no llorar
viendo la vida pasar
cada día le quiero más
no lo puedo remediar.

CENAS FRÍAS

Escribiré una poesía
de esas de las mías
para que cuando llegues
calientes las manos
con mis cenas frías.

He de contarte tristezas
bondades y humildades
grandezas y penurias
espera un rato
no te vayas.

Hay testimonio
de otra nueva
incógnita
que llega y no avisa
es otra mirada perdida
que se torna en
petición
llámale equis
si te parece.

Pero es desesperante
rebelión
como la llamas tú
maldita conclusión.

SALDO

Insultos
bofetadas
palitroques
torquemadas
quien quiera
que venga
a las rebajas
de un solo día
bajo precio
a saldo andamos.

LETARGO

Se acabó mi inspiración
la de la luna llena
espero una ocasión
de un tiempo mejor
de mí ya no se sabe nada
una tristeza
dibuja mi corazón.

Retorno al letargo
de veinte años andado
desde aquel tema inspirado
nada por el camino se vio.

Mi alma de poeta
si es que alguna vez existió
descansa ahora
en esta orilla del río
que avanza con mil penas
inundado.

Si me es negado
de esta manera
el trance de la inspiración
¡qué puedo hacer yo!

PRIMERA LUNA DE AGOSTO

Era la luna de agosto
en mi balcón de verano
mi alma brindaba
en la noche
una triste canción de despedida
quién sabe
comenzaba
quién sabe
terminaba.

Y yo sin darle un sentido
a la guasa de su sonrisa
su mirada tierna
su mirada brusca
sin decir del misterio
y yo allí clavada
esperando sin esperar
con mi triste canción de despedida.

Qué decir si no un
quién sabe
y a esperar
que la luna hable
o se quede muda
de no saber que
sabe

del misterio de
mi triste canción
de despedida.

Antes de quedarme
dormida
hizo un guiño
de pícara
quizá fue un sueño
que si, que no,
que la luna
no engaña
cuando de amor
se trata.

SEGUNDA LUNA DE AGOSTO

En mi balcón de verano
sigo
con la luna de agosto
lloro
mi triste canción de despedida
canto
quién sabe, comienza
quién sabe, termina
es
mi triste canción de despedida.

La luna me hace guiños
pero yo quiero que hable
o se quede muda
para siempre.

Dicen que la luna no engaña
cuando de amor
se trata
eso dicen
quién sabe.

TERCERA LUNA DE AGOSTO

Era la luna de agosto
en mi balcón de verano
mi alma brindaba
en la noche
una triste canción de despedida
quién sabe
comenzaba
quién sabe
terminaba.

Y yo sin darle un sentido
a la guasa de su sonrisa
su mirada tierna
su mirada brusca
sin decir del misterio
y yo allí clavada
esperando sin esperar
con mi triste canción de despedida.

Qué decir si no un
quién sabe
y a esperar
que la luna hable
o se quede muda
de no saber que
sabe

el misterio de
mi triste canción
de despedida.

Antes de quedarme
dormida
hizo un guiño
de pícara
quizá fue un sueño
pero no engaña
cuando
de amor
se trata.

LA PRIMAVERA

Resuelve el vuelo la golondrina
y llama a mi balcón
como aquel verano
se apaga el pío-pío
cuando amanece y del
sueño me levanto
me viene
el deseo de recorrer
los floridos campos.

Te buscaré un cardo
una rosa, un trébol
pero guárdame el secreto
que nos confió antes de ayer
tu prima la del alto valle.

Bendijo muestra
unión
y aún confío en su afán
no me falla la golondrina
como la primavera y el verano
apura y vente conmigo
la colorida primavera nos está
esperando.

REENCUENTRO

Voy a decirte una cosa
no me preguntes
no me busques negativas
no me lleves la contraria
sin antes esperar el plácet
de esta discusión buscada
de esta charla inesperada
de esta penosa idea
de evitarnos.

Tantos días de requiebros
por no verte en señales
de maleficio
un infierno persiguiéndonos
cosas serias y contrariadas
los miedos oscurecen
las buenas intenciones.

Por mí te cedo el paso
camino libre
corriendo voy a liberar
de obstáculos
el alcance del vuelo
de nosotros depende
para aterrizar hay tiempo
es mejor ir
despacio.

Índice

Este libro se terminó de editar en Granada
en octubre de 2025 por

www.aliarediciones.es
info@aliarediciones.es